Paris
1890

Lecoy de La Marche, Albert

La Prédication de la croisade au XIII° siècle

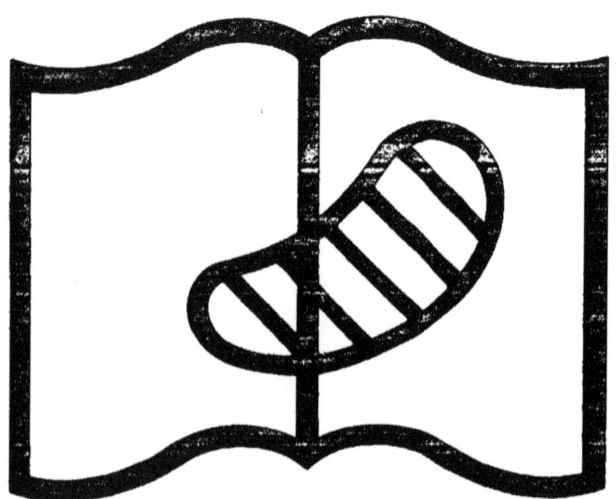

Symbole applicable
pour tout, ou partie
des documents microfilmés

Original illisible

NF Z 43-120-10

LA PRÉDICATION DE LA CROISADE

AU TREIZIÈME SIÈCLE

PAR

A. LECOY de la MARCHE

Extrait de la *Revue des questions historiques*, juillet 1890.

PARIS
BUREAUX DE LA REVUE
5, RUE SAINT-SIMON, 5

1890

LA

PRÉDICATION DE LA CROISADE

AU TREIZIÈME SIÈCLE

LA

PRÉDICATION DE LA CROISADE

AU TREIZIÈME SIÈCLE

PAR

A. LECOY de la MARCHE

Extrait de la *Revue des questions historiques*, juillet 1890.

PARIS
BUREAUX DE LA REVUE
5, RUE SAINT SIMON, 5

1890

LA PRÉDICATION DE LA CROISADE

AU TREIZIÈME SIÈCLE [1]

I

Si des textes nombreux et concordants nous font connaître les merveilleux effets des exhortations qui, au moyen âge, précipitaient la chrétienté tout entière contre les Sarrazins d'Orient, aucun document écrit n'a jusqu'à présent fait revivre à nos oreilles l'écho de cette éloquence si forte et si entraînante. Les monuments de la prédication de la croisade semblaient avoir péri jusqu'au dernier. La plupart des appels aux armes adressés aux chevaliers ou au peuple étaient, d'ailleurs, de petits discours familiers, improvisés, de ceux qui soulèvent le mieux l'auditoire, de ceux que l'on n'écrit point.

Nous avons bien, dans les actes du concile de Clermont, le résumé des paroles que le pape Urbain II prononça dans cette fameuse assemblée pour proclamer la guerre sainte [2]. Mais, quoiqu'elles aient dû servir de thème à plus d'un orateur, elles ne représentent pas la prédication populaire ; ce n'est qu'une allocution aux membres du concile. Nous savons par Guibert de Nogent que Pierre l'Ermite parcourait les villes et les campagnes entouré d'une foule si compacte, accablé de tant d'offrandes, accueilli par des transports si unanimes, que l'on n'avait jamais vu pareilles manifestations [3] ; et tous ces auditeurs enthousiastes ne nous ont pas conservé une seule phrase de lui. Nous savons encore que saint Bernard, à Spire, à Cologne,

[1] Ce travail a été lu à l'Académie des Inscriptions et Belles Lettres, dans les séances des 25 avril et 3 mai 1890.

[2] Labbe, *Concil.*, X, 511.

[3] Guibert de Nogent, *Hist. des croisades*, liv. II.

à Vézelay, n'avait qu'à parler pour voir s'enrôler sous la croix, comme par enchantement, les princes et les particuliers [1]. Les sermons de l'abbé de Clairvaux sont demeurés célèbres ; ils ont été recherchés et publiés avec soin, et cependant pas un de ceux que l'on a retrouvés n'est relatif à la grande expédition pour laquelle il fit tant de recrues. Après lui, Foulques de Neuilly et ses compagnons opérèrent par leur chaude éloquence des prodiges analogues : nous sommes obligés de croire sur parole les auteurs qui nous les racontent, sans pouvoir apprécier par nous-mêmes la cause qui les produisait [2].

En fait de monuments écrits exhortant les fidèles à s'armer pour la défense de la Terre-Sainte, nous en étions à peu près réduits à deux pièces de vers latins, dont l'une est une élégie sur l'insuccès de la croisade de Louis VII, contenant un nouvel et pressant appel aux chevaliers français, avec de vives apostrophes à l'adresse des Grecs et des Sarrazins, l'autre une suite de strophes rimées composée par un clerc d'Orléans, du nom de Bertier, vers l'époque du départ de Philippe-Auguste et de Richard Cœur-de-Lion pour l'Orient [3]. Ces deux morceaux, laborieusement rédigés dans la langue des savants, pour un très petit nombre de lecteurs, sont, d'ailleurs, sans mérite littéraire. On juge s'ils ont pu exercer une influence quelconque sur le grand mouvement qui emportait en Palestine des nations entières !

Il y a, à la vérité, des poèmes qui durent contribuer énormément au succès et à la popularité de l'idée de la croisade : mais, ceux-là, c'étaient ceux que la noblesse, que la classe laïque avait sans cesse dans l'oreille ou dans la bouche ; c'étaient ceux qui, en langue vulgaire, en bon français, prêchaient la haine des païens et célébraient les exploits de Charlemagne contre l'envahisseur maudit ; c'était, en un mot, les chansons de geste, qui, aux jours de fête et aux longues heures de la veillée, venaient rallumer dans les châteaux comme dans les villages le feu sacré du patriotisme chrétien. La *Chanson de Roland*, voilà le chant national qui entraîna dans la guerre sainte des légions de Fran-

[1] *Vie de saint Bernard*, par Philippe de Clairvaux, liv. VI, 1re partie.
[2] Jacques de Vitry, *Hist. occid.*, ch. 5 et suiv. ; Innocent III, *Epist.*, I, 398, etc.
[3] V. *Hist. litt. de la France*, XIII, 88 ; XV, 337.

çais. L'observateur sérieux ne peut manquer d'être frappé de la coïncidence d'époque qui rattache à l'apparition de cette épopée si populaire, de cette épopée mère, la levée de boucliers des premiers croisés. Il y avait tout au plus vingt ans qu'on avait commencé à réciter le plus sublime des poèmes consacrés à la grande lutte du Christ et de Mahomet, lorsque la nation frémissante essaya de le mettre en action : vingt ans, c'est juste le temps nécessaire pour former une génération.

Mais, au treizième siècle, le double enthousiasme excité par la chanson de geste primitive et par l'annonce de la croisade se refroidit déjà. La première se défigure ; la seconde devient impuissante. Quelques beaux vers déclamés avec art, le cri de *Dieu le veut !* indéfiniment répété ne suffisent plus pour ébranler les masses. C'est que l'on a vu de près les terribles difficultés de l'entreprise ; c'est que les dures leçons de l'expérience, les échecs subis par les plus vaillants, le ralentissement des ardeurs de la foi, les progrès du luxe et du confortable, d'autres raisons encore font hésiter ceux qui pourraient partir. Alors le clergé éprouve le besoin de composer de vrais discours pour exciter leur zèle. Au lieu de se contenter d'affirmer, il faut maintenant démontrer et convaincre ; au lieu de chanter, il faut argumenter. On doit donc s'attendre à voir surgir, à ce moment psychologique, les monuments oratoires que nous demandions en vain aux époques précédentes.

Cependant il n'en surgit encore qu'un petit nombre. A peine, dans quelques séries de sermons ordinaires, pour les dimanches ou les fêtes des saints, rencontre-t-on des phrases incidentes faisant allusion à la délivrance du Saint-Sépulcre. Telle est cette belle apostrophe de maître Prévostin, chancelier de l'Université de Paris, lancée du haut de la chaire au milieu de son homélie de l'Avent : « Il fut jadis glorieux, ce sépulcre divin ; mais nos fautes ont abouti à lui faire perdre tout son éclat. Les démons s'ébattent autour de lui, conduisant des chœurs et répétant : Où est le Dieu des chrétiens ? Les Sarrazins, du moins, n'ont pas perdu leur Dieu ; le dieu des Juifs est endormi ; mais le Dieu des chrétiens est complètement mort. Tel est l'opprobre où l'orgueil nous a jetés [1]. » Deux ou trois maîtres du genre nous four-

[1] *Quondam fuit sepulchrum ejus gloriosum ; sed peccata nostra fecerun*

nissent des spécimens un peu moins insuffisants : Jacques de Vitry, Étienne de Bourbon, Humbert de Romans, en composant leurs modèles de sermons pour toutes les classes de la société ou pour toutes les circonstances de la vie, prévoient que leurs disciples et leurs imitateurs pourront avoir à prêcher la croisade, et ils donnent en passant, pour ce cas particulier, quelques thèmes, quelques canevas, accompagnés, suivant l'usage, d'exemples ou de narrations [1]. Mais ces petits morceaux ne sortent guère des généralités, et l'on n'y trouve, sur un point où la précision serait justement un avantage précieux, que des indications assez vagues, souvent même banales.

Il faudrait néanmoins continuer à nous en contenter, si un traité spécial sur la matière, considéré jusqu'à ce jour comme perdu, et que j'ai eu la bonne fortune de retrouver dernièrement, ne nous permettait d'y ajouter des détails pleins d'intérêt, tant sur la teneur des harangues prononcées ordinairement pour recruter des croisés que sur les circonstances qui accompagnaient ce recrutement. J'avais autrefois signalé l'existence de ce curieux opuscule, sur la foi de l'un des auteurs des *Scriptores ordinis Prædicatorum*, qui en avait vu à Anvers une copie moderne, datant de 1610, et sur celle de l'*Histoire littéraire de la France*, qui reproduit simplement cette indication [2]. Depuis, j'avais constaté qu'un second exemplaire manuscrit, attribué au quinzième siècle, figurait sur le catalogue de la bibliothèque royale de Munich, et deux autres sur celui de la bibliothèque de Vienne [3]. Je me proposais d'aller étudier un de ceux-ci, lorsque je reconnus le traité en question dans un incunable non moins

id deforme... Saltant demonia circa sepulchra, coros ducentia et dicentia : Ubi est Deus christianorum ? Sarraceni non amiserunt deum suum ; Deus Judeorum dormit ; Deus christianorum omnino mortuus est... Superbia fecit nos in hanc derisionem. Bibl. nat., ms. lat. 14859, f° 215.

[1] Bibl. nat., mss. lat. 17509, 15970 ; *Max. Bibl. Patrum*, XXV, 424 et suiv.

[2] *La chaire française au moyen âge*, 2e édition, p. 134 ; Quétif et Echard, *Script. ord. Præd.*, I, 140 ; *Hist. litt.*, XIX, 335 et suiv. Dans la *Nouvelle Biographie générale* (article HUMBERT), M. Hauréau se borne aussi à énoncer l'objet du livre, et il ajoute : « Nous ne parlons toutefois de ce traité que sur le rapport d'Echard, car il est inédit, et les exemplaires manuscrits en sont rares. »

[3] Nos 4239, 4663. Dans le second de ces mss., le traité est accompagné de sermons *ad crucesignatos*.

ancien de la bibliothèque Mazarine, composé de quarante-neuf feuillets, de format in-8°, qui n'avait pas été porté sur le catalogue spécial des incunables, parce qu'il se trouvait comme égaré en tête d'un recueil factice d'imprimés ordinaires, intitulé *Orationes antiturcicæ* et comprenant divers morceaux oratoires du quinzième ou seizième siècle, relatifs aux guerres contre les Turcs [1].

Le titre exact du livre est celui-ci : *Tractatus solemnis fratris Humberti, quondam magistri generalis ordinis Prædicatorum, de prædicatione sanctæ crucis*. L'*incipit* reproduit textuellement cette rubrique, sauf les premiers mots, qui sont remplacés par la formule : *Incipit tractatus venerabilis patris fratris Humberti*, etc. L'auteur désigné est Humbert de Romans, cinquième maître général de l'ordre des Frères Prêcheurs, qui parvint à cette dignité en 1254, y renonça en 1263, et mourut dans la retraite, à Valence, en 1277, après avoir passé cinquante-trois ans sous l'habit de saint Dominique. On savait, en effet, que ce personnage bien connu, qui nous a laissé une espèce de guide général de l'orateur sacré, intitulé *De eruditione prædicatorum*, avait aussi composé un manuel particulier à l'usage des prédicateurs de la guerre sainte, formant en quelque sorte l'appendice du premier, où cette matière est à peine effleurée. Il lui a été attribué par la plupart des bibliographes qui ont parlé de lui, et lui-même y renvoie dans ses autres écrits [2]. Mais personne n'a cherché à en savoir et à nous en apprendre plus long à son sujet. D'ailleurs, Daunou, qui passait parfois avec une indifférence regrettable sur les questions les plus intéressantes, ayant qualifié toutes les productions d'Humbert d'ouvrages « de médiocre importance [3], » les curieux ne se sentaient guère attirés de leur côté.

Il était cependant à présumer, d'après la carrière fournie par l'auteur, qu'il n'avait pu mettre le pied sur un pareil terrain sans y laisser au moins des jalons précieux pour l'histoire. Non

[1] Bibl. Maz., xve siècle, n° 259 (autrefois 12,360). Parmi ces morceaux figurent un discours du cardinal de Nicée aux princes d'Italie, et plusieurs autres du frère François d'Assise, d'Antoine Campanus (aux princes allemands), de Pierre de Vicence, d'Étienne de Basignana, etc.

[2] *Max. Bibl. Patrum*, XXV, 424 et suiv. ; Martène, *Ampliss. coll.*, VII, 178.

[3] *Hist. litt.*, XIX, 338.

seulement il se trouva mêlé aux grandes affaires de son temps et à celles qui touchaient de plus près à la Terre-Sainte, fut candidat au trône pontifical, conseiller de saint Louis, parrain d'un de ses fils, et l'un des préparateurs des travaux du célèbre concile de Lyon, rassemblé tout exprès pour discuter les intérêts des églises d'Orient ; mais il avait été lui-même en Palestine, comme le prouve un passage de ses œuvres [1], et il connaissait assez le pays pour que le pape lui offrît le patriarcat de Jérusalem, qu'il refusa par modestie. Le général des Dominicains avait donc, pour traiter son sujet, une double autorité : d'une part, il enseignait l'éloquence sacrée et en avait minutieusement tracé les règles ; de l'autre, il était familiarisé avec les hommes et les choses de la croisade.

A quelle date écrivit-il son livre, et par quelles circonstances fut-il amené à l'entreprendre ? Il ne nous le dit pas, et, loin de nous parler d'une expédition spéciale, il se tient, en exposant son dessein, dans un ordre d'idées très général, montrant bien qu'il entend donner des avis pour tous les cas où l'on aura besoin de prêcher la guerre contre les infidèles. Cependant l'on peut arriver, par une observation attentive, à démêler les motifs qui lui firent prendre la plume et le moment précis où il la prit.

Tout d'abord, le *De prædicatione crucis* ne peut avoir été rédigé après l'an 1274. En effet, dans un mémoire écrit en vue des travaux préparatoires du concile général de Lyon, qui s'ouvrit dans le cours de cette année, et publié en partie par dom Martène [2], Humbert y renvoie d'une manière positive. Après avoir rappelé les sept principaux motifs qui doivent inciter un chrétien à prendre la défense des saints lieux contre les infidèles (l'ardeur de l'amour divin, le zèle de la loi chrétienne, la charité fraternelle, la dévotion envers le tombeau du Christ, les avantages de la croisade, les exemples des générations précédentes et les grâces accordées aux croisés par l'Église), il ajoute : *De quibus omnibus plenius habetur in opusculo de cruce prædicandâ contra Saracenos, titulo XI et sex sequentibus*. Or,

[1] V. Échard, *Script. ord. Præd.*, I, 142.

[2] *Liber de his quæ tractanda videbantur in concilio generali Lugduni celebrando*. Martène, *Ampliss. coll.*, VII, 178.

dans notre traité, les chapitres 11 à 17 roulent précisément sur ces sept points et en reproduisent l'énoncé en guise de titres. Il n'y a donc pas de doute qu'il ne s'agisse de lui.

Cherchons maintenant la date avant laquelle il n'a pu être composé. A première vue, on serait tenté de croire qu'il est antérieur à la première croisade de saint Louis, attendu que l'auteur, en énumérant les tentatives faites pour la conquête ou la défense de la Palestine, ne dit pas un mot de cette expédition, dont il avait été cependant le contemporain et peut-être le témoin, tandis qu'il a soin de citer l'exemple du pieux roi transportant sur ses propres épaules, neuf ans auparavant, les reliques de la sainte couronne d'épines [1]. Mais son énumération des croisades contient bien d'autres lacunes, et il ne paraît pas s'être proposé de la faire complète. Son silence à l'égard de celle-ci est peut-être dû à cette considération que, saint Louis ayant porté ses armes en Egypte, et non en Syrie, ce qu'on lui a plus d'une fois reproché [2], sa campagne n'avait pas eu pour objectif direct la délivrance de Jérusalem, but spécial des exhortations contenues dans le traité. Quoi qu'il en soit, le texte nous fournit ailleurs un synchronisme très précieux, qui détruit l'hypothèse dont je viens de parler. Il nous apprend qu'au moment où il fut rédigé, les chrétiens venaient de perdre le château de Sapheth, où deux mille d'entre eux, disait-on, avaient été mis à mort, ce qui permettait aux Sarrazins de parvenir sans obstacle jusqu'à Saint-Jean-d'Acre, leurs adversaires ne possédant aucune forteresse entre ces deux villes [3]. Or, la place de Sapheth ou Saphed fut reprise par l'émir Bibars Bondocdar le 24 avril 1266 [4], et cet événement désastreux, dont nous parlent les historiens arabes et

[1] Ch. V.

[2] L'idée d'une descente en Égypte a été amplement justifiée pas Sanud (*Liber secretorum fidelium crucis*, 2e part., ch. 8-10). C'est ce que j'ai déjà fait observer dans *Saint Louis, son gouvernement et sa politique* (p. 100). A cet endroit, un étrange *lapsus calami* m'a fait qualifier d'arabe l'écrivain vénitien et renvoyer au tome I des *Historiens des croisades*, au lieu du tome I de la *Bibliothèque des croisades*. Cette inadvertance a été, du reste, corrigée dans une bonne partie des exemplaires.

[3] Ch. II.

[4] Tillemont, V, 66. Le 24 juin, d'après un autre passage du même auteur (IV, 457). Cf. Makrizi, dans la *Bibl. des croisades*, IV, 496 et suiv. ; Wallon, *Saint Louis*, II, 419, etc.

latins, fut effectivement suivi d'un massacre impitoyable, qui répandit la terreur jusque dans les contrées occidentales. Il est dès lors évident que le *De prædicatione crucis* n'a pas été rédigé avant le milieu de la même année au plus tôt. La seule objection qu'on pourrait élever contre cette limite extrême, c'est qu'il est cité dans le grand ouvrage du même auteur (*De eruditione prædicatorum*), commencé, nous dit son biographe, en 1255. Mais cet ouvrage est tellement considérable, que son exécution a dû, comme je l'ai reconnu autrefois, demander de longues années. Ainsi la mention ou le renvoi qu'on y trouve peut remonter bien moins haut, et le chapitre où il se lit n'avoir été écrit qu'après 1266, c'est-à-dire après notre traité Ce renvoi peut aussi avoir été ajouté après coup sur le manuscrit original, qui malheureusement nous manque. En tout cas, un indice aussi vague ne saurait prévaloir contre un synchronisme précis. L'opuscule d'Humbert a donc été, de toute nécessité, composé entre les années 1266 et 1274.

Mais, si l'on veut se contenter des probabilités, il est possible de restreindre encore cette courte période et de se rapprocher davantage de la date exacte. D'une part, saint Louis devait être encore vivant, car il est désigné simplement par les mots *rex Franciæ* [1], qui s'appliquaient d'ordinaire au souverain régnant; et, d'ailleurs, sa mort édifiante sous la croix, regardée comme un martyre, n'eût pas manqué d'être citée en exemple dans le traité, si elle eût été déjà un fait accompli. D'autre part, la prise d'Antioche, événement beaucoup plus désastreux encore que celle de Sapheth, et qui amena, un peu plus tard, la mort de dix-sept mille hommes, la captivité de cent mille autres, devrait logiquement figurer parmi les pertes récentes des chrétiens, rappelées par l'auteur, si elle fût venue à sa connaissance au moment où il écrivait; or, il n'y fait même pas allusion. Je suis donc porté à croire que le *De prædicatione crucis* fut rédigé dans l'intervalle qui s'écoula entre l'arrivée en France de la malheureuse nouvelle de la chute de Sapheth et la confirmation du bruit de la catastrophe d'Antioche, survenue treize mois après la première, le 17 mai 1267 [2]. Humbert aurait donc pris

[1] Ch. V.
[2] Tillemont, IV, 463.

la plume à une date très rapprochée de la perte mentionnée et déplorée par lui, ce qui concorde bien avec le mot *nuper*, dont il se sert en cette occasion, c'est-à-dire vers le milieu de l'année 1266, et son opuscule aurait été achevé au plus tard dans les premiers mois de l'année suivante.

A cette époque, en effet, l'Occident commençait à s'émouvoir des objurgations pressantes des chrétientés de Syrie. Le pape Clément IV chargeait le cardinal de Sainte-Cécile de prêcher ou de faire prêcher la guerre sainte en France, et invitait le roi à presser le départ de tous ceux qui avaient pris la croix. Saint Louis en personne s'apprêtait à tenter une nouvelle expédition et déclarait son dessein à ses barons assemblés [1]. Il était naturel qu'un homme aussi haut placé et aussi compétent que l'ancien général des Dominicains saisît une pareille occurrence pour donner des avis aux prédicateurs de la croisade, et profitât des loisirs de la retraite pour seconder le mouvement dont le chef de l'Église venait de donner le signal. Du reste, lui-même nous parle des démarches réitérées faites par les chrétiens d'Orient auprès du pape et des princes, ainsi que des orateurs spéciaux que la cour de Rome envoie dans les différentes parties du monde, à l'heure où il écrit, et il ne craint pas d'invoquer à l'appui de ses propres exhortations l'autorité du Souverain Pontife [2]. Ces dernières coïncidences sont tout à fait concluantes. Peut-être même ne serait-il pas téméraire d'en induire qu'Humbert avait été chargé par Clément IV ou par un de ses légats de composer le manuel qui nous occupe : on sait, en effet, que son ordre avait pris, comme celui des Frères Mineurs, une part active à la prédication de la croisade de 1248, et que son successeur dans la charge de provincial des Jacobins de France avait reçu de Rome, en 1261 et en 1265, la mission officielle de prêcher une autre croisade contre les Tartares [3].

[1] Tillemont, V, 7, 14.
[2] Ch. II, 13.
[3] Tillemont, V, 4,6.

II

Ces questions extrinsèques étant vidées, passons à l'examen du livre lui-même, et voyons d'abord quels ont été le but particulier de l'auteur, son plan et sa méthode.

Dans un premier chapitre, qui n'est, à proprement parler, qu'une préface, Humbert de Romans nous explique en deux mots son dessein. Il s'adresse à tous les prédicateurs de la croisade. Ceux qui ne sont pas encore bien habitués à parler sur cette matière, nous dit-il, trouveront ici des sujets d'exercices. Ceux qui sont déjà un peu familiers avec elle y apprendront à la traiter avec plus de compétence et de fécondité. Quant aux orateurs émérites qui ont reçu le don de cette prédication spéciale, ils feront comme les grands artistes : ils transformeront des matériaux bruts en ouvrages magnifiques. Afin de faciliter la tâche des uns et des autres, il va leur proposer une série de *thèmes* à développer, où ils prendront, suivant les cas, ce qui leur paraîtra convenable, sans s'astreindre à les suivre servilement. Chacun des thèmes ou de leurs développements sera suivi d'*invitations* (ou mieux d'*invitatoires*), c'est-à-dire d'exhortations finales pressant les fidèles de venir à l'instant même recevoir la croix.

Effectivement, le traité comprend une série de morceaux répondant à ces deux titres et destinés plus particulièrement, les premiers à instruire l'auditoire, les seconds à le toucher et à l'entraîner. Les thèmes, dont la teneur est assez sèche, ont généralement trois ou quatre pages, quelquefois plus. Les invitatoires, d'un ton plus onctueux et plus animé, sont un peu moins longs, et l'on en trouve souvent deux ou trois à la suite d'un même thème.

L'ensemble de l'ouvrage forme, avec la préface, un total de quarante-six chapitres, précédés chacun d'une rubrique. Les premiers chapitres (thèmes et invitatoires) portent sur des considérations morales ou symboliques. Neuf d'entre eux ont pour objet d'expliquer : la sainteté du Dieu des armées ; le triste état de la Terre-Sainte et les différentes espèces de secours qu'on peut lui apporter ; pourquoi l'on donne la croix aux pèlerins qui vont combattre les infidèles ; pourquoi cette croix se met sur l'épaule, et de préférence sur l'épaule droite ; pourquoi elle est remise par les mains de l'Église ; pourquoi personne n'est forcé de la recevoir ; comment se fit et quels fruits produisit la première imposition des croix, au temps de Pierre l'Ermite et du pape Urbain II (ici les renseignements de l'auteur sont puisés particulièrement dans l'*Histoire transmarine* de Jacques de Vitry et dans Foucher de Chartres, qu'il cite encore ailleurs). Les sept suivants font valoir les graves raisons qui doivent porter les chrétiens à prendre la défense des Lieux-Saints, et dont l'une, celle qui est fondée sur les exemples des générations précédentes, fournit à Humbert l'occasion de tracer un petit historique des premières croisades (fort incomplet, nous l'avons vu), d'après Foucher de Chartres et Guillaume de Tyr. J'ai donné tout à l'heure l'énumération de ces raisons d'après un autre opuscule de notre auteur ; elle se retrouve encore, à peu près semblable, dans son grand répertoire à l'usage de la chaire, mais sans aucun développement [1]. Huit autres chapitres sont consacrés à combattre les obstacles ou les objections qui peuvent détourner les fidèles de l'idée de se croiser, à savoir, les liens du péché, la crainte des maux corporels, l'attachement au sol natal, les mauvais propos des hommes, l'amour exagéré de la famille, les prétendues impossibilités matérielles, le manque de foi. A ces difficultés sont opposées les consolations de toute sorte réservées aux défenseurs de la cause du Christ.

Dans un chapitre à part, beaucoup plus long que les autres, sont réunis les différents textes de l'Ancien et du Nouveau Testaments qui peuvent être utilement développés à l'appui des considérations précédentes ; et l'on pense s'il y en a. Puis le maître, abandonnant le modèle pour le conseil, indique aux prédicateurs de la croisade les vertus, les qualités qui leur sont le plus nécessaires. Ils doivent, entre autres choses, avoir pris eux-mêmes la croix et la porter, afin de prêcher d'exemple. Ils doivent surtout avoir acquis la science convenable. Et ce n'est pas une science vague et superficielle qu'Humbert leur demande : il veut qu'ils sachent parfaitement tout ce qui, dans les différents livres de la Bible, se rapporte à la Terre-Sainte ; qu'ils connaissent la géographie, ou tout au moins la configuration dessinée de la mappemonde (*scientia imaginaria de mappa-*

[1] Liv. II, ch. 65.

mundi), afin de se rendre compte de la situation respective de la Palestine et des pays voisins ; l'histoire de Mahomet, dont il faut parler souvent et qu'ils trouveront dans diverses compilations, notamment dans le traité de Pierre Alphonse contre les Juifs et dans un autre livre dont il est assez curieux de voir recommander la lecture à des clercs du treizième siècle, l'*Alcoran* ; l'histoire des progrès de la secte mahométane et de ses luttes contre les chrétiens, racontées, entre autres, dans la lettre de Turpin (ou attribuée à Turpin) sur les gestes de Charlemagne en Espagne, dans l'*Histoire* ou la *Chanson d'Antioche*, dans l'*Histoire transmarine* ; les devoirs ordinaires du prédicateur ; l'effet des indulgences et des privilèges accordés aux croisés ; les pouvoirs dont eux-mêmes disposent relativement aux absolutions, aux dispenses, etc. ; enfin, point essentiel pour les orateurs de ce temps, l'art de bien raconter, car ils devront souvent produire, à l'appui de leurs démonstrations, des exemples édifiants, authentiques, ou du moins vraisemblables.

Pour montrer toute l'importance qu'il attache, avec la plupart des maîtres de la chaire, à cette partie du discours, Humbert insère ici dans son manuel, soit textuellement, soit sous une forme abrégée, toute une série de traits historiques ou légendaires à l'honneur de la croix et de la croisade, bien qu'il en ait déjà semé quelques-uns dans les chapitres précédents. Il n'est pas sans intérêt de voir à quelles sources il les puise, ne fût-ce que pour donner une idée de son érudition spéciale et des récits dont les croisés avaient l'esprit rempli. A l'*Histoire ecclésiastique* (d'Eusède de Césarée) et à l'*Histoire tripartite* (de Cassiodore), il emprunte des exemples tirés de la vie de Constantin, de sainte Hélène, de Julien, de Théodose ; à l'*Historia Anglorum* de Bède, celui d'un roi anglais qui obtient la victoire sur un prince apostat par le moyen d'une croix plantée sur le champ de bataille ; à Grégoire de Tours, l'histoire du trésor trouvé par l'empereur Justin et son épouse sous une table de marbre portant l'image de la croix [1] ; au *Speculum Ecclesiæ*, attribué jadis à saint Augustin, le trait de sainte Justine et de Cyprien repoussant le diable à l'aide de ce même signe ; aux *Dialogues* de saint

[1] *Hist. Franc.*, V, 20.

Grégoire, celui du Juif de Fondi qui, se trouvant dans le temple d'Apollon, met les démons en fuite par le même procédé ; aux *Gesta Caroli magni in Hispaniâ*, du faux Turpin, les épisodes de l'apparition de saint Jacques à Charlemagne, de la prise de Pampelune, de celle de *Lucerna* ou de Luizerne, du chevalier puni de mort pour avoir dissipé le prix d'un cheval qui lui avait été légué au profit des pauvres, des combats épiques livrés au chef sarrazin Agoland, de la mort de Roland et de sa dernière prière, reproduite tout au long, des visions de Turpin à propos du sort des combattants défunts et de la mort de l'empereur, etc. On remarquera combien ces nombreux extraits de la légende de Charlemagne, qui, en chaire, pouvaient être remplacés par la version française, par les laisses rimées correspondantes, justifient ce que je disais en commençant de l'influence des chansons de geste sur l'entreprise des croisades et sur l'élan magnifique de la chevalerie contre les Sarrazins. Encore au treizième siècle, c'est-à-dire lorsque notre épopée nationale avait perdu sa forme et son énergie primitives, on la regardait comme le levier le plus capable de soulever les masses et de les précipiter sur l'Orient. A coup sûr, elle devait surexciter leur ardeur bien autrement que les romans de la Table Ronde, auxquels un prédicateur de croisade, cité par Étienne de Bourbon, empruntait, pour émouvoir ses auditeurs, l'aventure du chevalier mort que le flot apporte dans une barque abandonnée devant le roi Arthur et ses compagnons, aventure formant le début du poème intitulé *Messire Gauvain* ou *la Vengeance de Raguidel* [1]. Le jour où ce cycle bâtard se substituera complètement, dans la faveur populaire, au cycle de Charlemagne, il faudra dire adieu aux croisades.

Humbert puise ensuite dans le livre apocryphe du pape Calixte l'aventure du sarrazin Artumayor à Saint-Jacques de Compostelle, une partie du discours prononcé par Urbain II au concile de Clermont et quelques anecdotes de la première croisade ; dans l'*Histoire d'Antioche*, le récit du siège de cette ville par les croisés ; dans l'*Histoire transmarine*, celui de la pré-

[1] V. *Anecdotes, légendes et apologues tirés d'Étienne de Bourbon*, p. 86. Ce trait est, du reste, également reproduit dans le traité d'Humbert de Romans (ch. 4).

dication de Pierre l'Ermite ; dans les *Vies des Pères*, celui de la découverte de la vraie croix par sainte Hélène; enfin, dans diverses légendes de saints, des traits relatifs à saint André, à saint Pierre, à Longin, à Marie Madeleine, à saint Bernard, à la bienheureuse Marie d'Oignies et à la croisade albigeoise. On voit qu'il descend à peu près jusqu'à son époque. Combien ne devons-nous pas regretter qu'il se soit arrêté là et qu'il ait négligé d'enrichir son manuel, comme l'avait fait le cardinal Jacques de Vitry, des souvenirs personnels qu'il avait dû rapporter de ses voyages, et notamment de son séjour en Palestine !

Enfin, après toute cette collection d'exemples, viennent, en guise de conseils pratiques s'adressant, non plus aux prédicateurs, mais aux croisés mêmes, ou plutôt destinés à être répétés par les premiers aux seconds, trois chapitres complémentaires qui ne sont pas les moins instructifs pour nous. Ils ont pour titre : *Des choses les plus nécessaires à ces bons pèlerins qui prennent la croix. — Des moyens de les amener à se bien battre contre les Sarrazins. — De ce qu'ont à faire les fidèles au moment d'engager le combat contre les païens.*

Maintenant que j'ai donné une idée générale de la contexture du livre, je vais emprunter à ses différentes parties les éléments épars qui peuvent nous aider à reconnaître l'esprit et les habitudes des croisés au temps de saint Louis, et les réunir dans un petit tableau d'ensemble qui nous permettra de suivre cette milice volontaire depuis le jour de la prédication de la guerre sainte jusque sur le champ de bataille. On va voir que, malgré les banalités dont sont encore semés certains chapitres d'Humbert de Romans, son œuvre dépasse de beaucoup en intérêt et en valeur historique les courts fragments que nous ont laissés sur le même sujet les autres maîtres de la chaire.

III

La prédication et le recrutement de la croisade avaient lieu sur les places, dans les assemblées publiques, aussi bien que dans les églises. Quelquefois même, ce recrutement se faisait au milieu d'un tournoi, comme cela se vit en 1264 à Meaux, où un grand nombre de chevaliers prit la croix en présence de l'archevê que de Tyr, légat apostolique, d'après un curieux recueil d'anecdotes du XIIIe siècle, que j'ai eu plus d'une fois l'occasion d'utiliser [1]. Néanmoins, dans les cas ordinaires, et surtout depuis que les populations ne s'enrôlaient plus en masse pour la Palestine, les orateurs délégués par le pape se faisaient entendre et recevaient officiellement les vœux des croisés dans une cérémonie spéciale, qui se passait à l'intérieur de l'édifice sacré. Déjà le clergé avait ajouté à la messe des oraisons déterminées pour les besoins de la Terre-Sainte et le succès de ses défenseurs, après lesquelles on chantait le psaume *Deus venerunt*, où se trouvent ces mots : *Introeat in conspectu tuo, Domine, ultio sanguinis servorum tuorum*. Mais il s'agit ici d'une sorte d'office tout à fait à part, qui devait être très imposant, et dont je ne crois pas qu'aucun auteur ait parlé [2]. Il commençait, après certaines prières, par le sermon.

Dans ce discours étudié, s'il était conforme aux règles tracées par Humbert de Romans (et ces règles devaient pour la plupart être d'accord avec l'usage), l'orateur s'attachait principalement à réfuter les raisons cachées qui empêchaient les fidèles de se croiser, ou les prétextes mis en avant par les partisans de l'abstention. Les uns alléguaient des motifs de santé, le manque d'argent, les affaires : ils étaient retenus, en réalité, par leurs vices ou leurs passions, la sensualité, la gourmandise, l'avarice. Les autres reculaient devant les périls de la mer, qui, au moyen âge, étaient pour tous les habitants de l'intérieur des terres un véritable épouvantail, les fatigues et les malaises de la traversée, les ardeurs d'un climat brûlant, les épidémies d'un pays insalubre. Ceux-là étaient semblables à ces palefrois, gros et gras, qui, au lieu de travailler ou de courir aux combats comme les autres chevaux, passaient leur vie dans les écuries, à se faire étriller, ou sur les promenades, à parader avec ostentation. Un plus grand nombre encore se laissait enchaîner par un attachement immodéré au sol natal. Sans doute, ce sentiment était louable en soi ; mais la contrée où le Sauveur avait vécu, où il

[1] *In torneamento quodam Meldensi congregato, ubi fuit facta magna crucesignatio, anno Domini MCCLXIIII, presente Tyrensi archiepiscopo, apostolice sedis legato...* (Ms. 454 de la bibliothèque de Tours.)

[2] Il n'en est pas question dans le *De antiquis Ecclesiæ ritibus* de dom Martène.

était mort pour nous, n'était-elle pas notre première patrie, notre héritage paternel, et n'était-il pas méritoire de quitter pour son Dieu un pays aimé, comme l'expliquaient d'autres maîtres du genre[1]? C'était bon pour les poules domestiques de ne pas oser s'éloigner de son logis et de prétendre y revenir coucher tous les soirs. C'était imiter les vaches de Flandre, qui demeurent tout le jour attachées par une corde autour de la maison, ou les poissons d'eau douce, qui ne veulent pas sortir de la vase et qui, dès qu'ils sentent l'odeur de la mer, remontent bien vite la rivière, où ils se font prendre.

Les affections de famille étaient aussi un obstacle à surmonter. Quelques chevaliers éprouvaient une telle tendresse pour leur épouse, pour leurs enfants, qu'ils redoutaient de les contrister par une longue absence ou d'être privés eux-mêmes de leur compagnie. C'était déjà l'excès de cet amour légitime qui avait causé la chute du premier homme, au paradis terrestre. Mais, puisqu'on voyait des individus abandonner père et mère pour une femme, pourquoi donc ne ferait-on pas au Christ le sacrifice de sa famille? C'est ce que prêchait, de son côté, Jacques de Vitry, en citant le trait véritablement héroïque de ce noble seigneur qui, au moment de partir pour la croisade, rassembla autour de lui ses petits enfants, tendrement aimés. « Laissez-là ces marmots, lui disaient ses écuyers, et venez-vous en, car il y a là toute une troupe qui vous attend pour vous emmener. » Mais lui, levant les yeux au ciel : « J'ai fait venir ces enfants afin que la douleur de la séparation fût plus vive pour moi, et que je pusse acquérir par là plus de mérite auprès de Dieu[2]. »

La femme, d'autre part, aimait quelquefois son époux assez ardemment pour l'empêcher, par tous les moyens en son pouvoir, de quitter le toit conjugal à l'appel des prédicateurs. On en cite une qui, voyant annoncer la guerre sainte sous ses fenêtres, enferma son mari dans sa maison. Mais celui-ci, ayant entendu du haut d'une terrasse quelques mots du sermon, fut tellement subjugué, qu'il sauta dans la rue pour aller s'enrôler. Il est vrai que c'est un orateur de la croisade qui nous raconte le fait[3].

[1] *Anecdotes, légendes et apologues tirés d'Étienne de Bourbon*, p. 171 et suiv.; Jacques de Vitry, ms. lat. 17509 de la Bibl. nat., f° 99.
[2] Jacques de Vitry, *ibid.*
[3] Même ms., f° 96.

Un sentiment peut-être encore plus difficile à vaincre, c'était le respect humain. On ne le croirait pas ; mais, à l'époque où écrivait Humbert de Romans, en plein XIIIe siècle, en plein règne de saint Louis, il se trouvait déjà des esprits forts pour se moquer des fervents qui prenaient la croix et pour les tourner en ridicule de toute sorte de façons *(derisiones multimodas faciunt de assumentibus crucem)*. Ces railleurs se rencontraient jusque dans l'entourage des chevaliers, jusque dans leur maison. Il ne manquait pas non plus de raisonneurs ou de politiques profonds pour s'attaquer, sur un ton sérieux, à l'idée même de la croisade. Ils faisaient valoir contre elle des arguments de plus d'un genre, très curieux à signaler comme symptômes de la lente révolution qui commençait à s'opérer dans l'esprit public : « A quoi sert de faire tant de dépenses, de sacrifier tant de vies, d'abandonner tant d'affaires utiles pour une entreprise dont on ne verra jamais la fin ? Les Sarrazins sont innombrables ; ils se renouvellent sans cesse, car ils sont sur leur terre. » Dans son mémoire pour le concile de Lyon, écrit vers 1274, Humbert complète ainsi le résumé des raisonnements de l'opposition : « C'est tenter Dieu que d'engager des luttes semblables dans de mauvaises conditions. Les chrétiens feraient mieux de se borner à la défensive, sans attaquer les infidèles. Et puis, pourquoi s'en prendre aux disciples de Mahomet plutôt qu'aux Juifs ou aux idolâtres ? Il n'en résulte ni fruit spirituel ni avantage temporel : les Sarrazins ne se convertissent pas, les victimes de la guerre s'en vont la plupart en enfer, et nous ne pouvons même pas garder les terres conquises. Saladin a tout repris en un instant ; l'empereur Frédéric s'est noyé dans un peu d'eau au début de sa campagne ; saint Louis a été fait prisonnier là-bas, avec ses frères et toute sa noblesse ; puis il est allé mourir à Tunis avec un de ses fils, et sa flotte a été presque détruite. Décidément, Dieu paraît être opposé au succès de ces expéditions lointaines [1]. »

Ces objections significatives concordent singulièrement avec le sirvente attribué à un chevalier du Temple et composé précisément vers 1268 : « Celui-là est bien fou qui cherche querelle aux Sarrazins, quand Jésus-Christ lui même ne leur conteste

[1] Martène. *Ampliss. coll.*, VII, 178 et suiv.

rien et leur laisse la victoire... Car chaque jour nous sommes vaincus. Il dort, ce Dieu qui avait coutume de veiller. Mahomet use de toute sa puissance et fait marcher le farouche Bibars [1]. » Elles rappellent également celles que le sire de Joinville mettait en avant, à la même époque, pour ne pas retourner en Orient avec son maître : « Tant que j'ai été outre-mer et depuis, les sergents du roi de France et du roi de Navarre ont détruit et appauvri mes gens. Si je ne restais pour les défendre, je courroucerais Dieu, qui a tout sacrifié pour sauver son peuple [2]. »

Le revirement de l'opinion était donc général. Quelques-uns ne se contentaient pas de la critique : ils proposaient, pour remédier à la situation, l'entretien d'une armée permanente en Palestine, armée composée, non de mercenaires, mais de zélateurs de la foi, non de gens souillés de crimes, mais d'hommes fuyant le péché, qu'on remplacerait au fur et à mesure. On subviendrait aux besoins de cette armée, non seulement avec le concours de la puissance séculière, mais avec les biens du clergé. On vendrait, s'il le fallait, le superflu du trésor des églises ; on appliquerait à cet usage les revenus de certaines prébendes, des prieurés abandonnés, des abbayes détruites, des bénéfices vacants. Ces belles théories, ces raisons spécieuses avaient cours dans le public [3]. Elles n'étaient pas toutes dépourvues de valeur, sans doute. Cependant les admirateurs du prodigieux mouvement des croisades ne peuvent voir sans une certaine tristesse les calculs humains se substituer ainsi au magnifique enthousiasme des premiers jours, et le souci des intérêts matériels, ou, comme l'on disait déjà, des *affaires utiles*, que les Vénitiens avaient mêlé les premiers à l'idée-mère de ces grandes luttes de races et de principes, se glisser jusque dans l'esprit des Français pour glacer leur traditionnelle ardeur.

Pour répondre à tout cela, les prédicateurs avaient fort à faire. Que disaient-ils? Ils disaient que les hommes tiennent leur corps en fief du Créateur et que tout vassal doit exposer son fief pour son seigneur ; que la Terre-Sainte avait été la terre chérie de Jésus-Christ, et qu'il fallait venger son injure; qu'il n'y avait pas

[1] Reproduit dans Michaud, *Hist. des Croisades*, V, 38.
[2] Joinville, éd. de Wailly, p. 399.
[3] *Communis opinio sentit*, etc. Martène, *Ampliss. coll.*, VII, 184 et suiv.

un sarrazin qui n'allât visiter le tombeau du faux prophète, et qu'il n'était pas digne d'un chrétien de montrer moins de zèle pour le vrai Dieu; que le pèlerinage de Jérusalem dépassait, d'ailleurs, tous les pèlerinages des saints, auxquels on courait tant, et même tous ceux qui avaient été fondés en l'honneur du Sauveur; que la loi chrétienne était d'origine divine, tandis que celle des Sarrazins émanait de ce ribaud de Mahomet, qui avait autorisé la polygamie et prétendait que l'adultère, que la sodomie étaient licites pour lui; que les chrétiens d'Orient souffraient des maux sans nombre et ne cessaient de réclamer un secours que la charité fraternelle interdisait de leur refuser; que les possessions de la chrétienté se trouvaient elles-mêmes menacées, perdues en partie; qu'il y avait urgence. Quant au succès des infidèles, pourquoi donc s'en scandaliser? Est-ce que, depuis le commencement du monde, Dieu n'avait pas permis que les mauvaises herbes fussent mêlées aux bonnes, les bêtes venimeuses aux animaux utiles, les démons aux créatures honnêtes? Est-ce que l'Église n'avait pas toujours été éprouvée, persécutée, tantôt par les princes, tantôt par les hérétiques? Il faudrait donc se scandaliser de tout cela? Il y a, en somme, trois considérations d'ordre supérieur qui doivent faire passer par dessus tous les obstacles et toutes les objections: La croisade est une manifestation en l'honneur du Christ; la croisade est un bon exercice pour la chevalerie et pour les fidèles en général; la croisade est le moyen de faire très facilement son salut.

Ces raisons morales ne suffisant pas, les prédicateurs expliquaient ensuite les avantages certains et immédiats accordés par l'Église à tous les croisés : les indulgences spéciales, la remise des peines spirituelles, la levée des excommunications, la commutation des vœux autres que ceux de religion et de continence, la protection efficace des personnes et des biens, l'exonération des tailles, des impôts, des exactions, l'annulation des serments dans certains cas, etc. Et il ne s'agissait pas d'indulgences ordinaires, comme celles que distribuaient certains frères quêteurs auxquels on donnait largement, mais d'indulgences plénières, qui, si le croisé mourait, le conduisaient tout droit en paradis et lui valaient la palme des martyrs. L'empereur Charlemagne n'en avait pas eu de semblables; il n'en avait même pas eu du tout. Et pourtant il avait fait des prodiges de valeur, lui et son armée, dans ses campagnes contre les païens. Combien plus devaient en faire des chrétiens munis d'une pareille armure !

Enfin, après avoir développé de son mieux tous les points de son sujet et cité quelques exemples, l'orateur terminait par l'*invitatoire* particulièrement pressant recommandé par Humbert de Romans, et dont voici un spécimen :

« Vous voyez, mes bien-aimés, où mènent les guerres du monde, le plus souvent injustes, et où mène la guerre du Christ, la plus légitime de toutes. Dans les premières, beaucoup sont entraînés par des liens d'amitié avec un personnage du siècle : que l'amitié de Jésus vous décide à entreprendre la seconde. Ils sont mus par le désir d'une vaine gloire : laissez-vous conduire par le désir de la céleste patrie. Ils sont poussés par les nécessités de la vie présente, car ils n'ont souvent pas d'autre moyen d'existence : n'ayez en vue que les besoins de votre âme. Par les guerres ordinaires, le diable précipite bien des hommes au fond de l'enfer : vous, par cette guerre sainte, le Seigneur vous attire au haut des cieux. Je vous promets, moi, de la part du Père, du Fils et du Saint-Esprit, que tous ceux qui s'engageront dans cette guerre, s'ils viennent à succomber sous les armes, le cœur contrit et après s'être confessés, entreront en possession du royaume que le Seigneur nous a conquis par la croix, et dès à présent je vous donne l'investiture de ce royaume par la même croix, par la croix que je vous tends. Venez donc, et que pas un de vous ne se refuse à recevoir une investiture aussi glorieuse, une garantie aussi formelle du trône qui vous attend là-haut [1]. »

[1] Voici le texte latin de cet invitatoire : *Ecce videtis, charissimi, quo ducunt bella mundi, ut frequenter injusta videtis, et quo ducit bellum Christi justissimum. Movet multos ad bella mundi amicitia seculi : moveat vos ad istud amicitia Christi. Movet alios ad illa bella vanæ famæ gloria ; moveat vos ad istud cœlestis patriæ gloria. Movet alios ad illa vitæ præsentis corporalis necessitas, quia non habent aliud unde vivant : moveat vos ad istud propriarum animarum necessitas. Per alia bella dyabolus multos trahit ad inferos : vos autem per istud trahere Dominus conatur ad cœlos. Promitto enim ex parte Dei Patris et Filii et Spiritus Sancti omnibus ad exercitum istum accedentibus, si corde digne contriti et confessi in eo mortui fuerint, illud regnum cœlorum quod nobis Dominus acquisivit per crucem, et de illo vos investio per crucem quam vobis porrigo in præsenti. Venite ergo, et nullus renuat recipere tam gloriosam investituram et tantam firmitatem ad regnum gloriosum cœlorum.* (*De prædicatione crucis*, ch. 2) Jacques de Vitry regardait aussi la remise de la croix comme une véritable investiture féodale : *Consuetudo quidem est nobilium et potentium quod per cyrotecam vel per aliam rem vilis pretii vasallos suos investiunt de feodis preciosis, sicut Dominus per crucem ex modico filo vel panno vasallos suos investit de regno celesti.* (Ms. cité, f° 97.)

Après ce chaleureux appel, toute l'assemblée entonne des hymnes de circonstance : *Veni, Sancte, Spiritus ; Veni, Creator Spiritus ; Vexilla regis ; Salve, Crux sancta*, ou d'autres semblables. Pendant que l'on chante, le prédicateur, transformé en recruteur et descendu de chaire, élève encore la voix : « Allons, « qui désire la bénédiction de Dieu ? Qui aime la société des « anges ? Qui soupire après la couronne incorruptible ? Que tous « ceux-là s'approchent ; qu'ils viennent recevoir la croix, et ils « obtiendront toutes ces choses [1]. »

Alors ceux qui veulent s'avancent ; on n'admet que des volontaires, car l'on sait que tout soldat malgré lui fait un mauvais combattant et devient plus nuisible qu'utile. Chacun d'eux, en prononçant probablement une formule de vœu, reçoit des mains du prêtre une large croix, non pas en or ni en soie, comme celles dont parle Foucher de Chartres, ni en feuillage, comme celles que certains chevaliers improvisaient au temps de la prédication du cardinal Eudes de Châteauroux, mais en drap ou en fil, puis se la fait attacher sur l'épaule, pour la porter comme le Sauveur porta la sienne, et de préférence sur l'épaule droite, le côté droit étant celui du bon larron, celui des élus, celui de la force. Cette croix, imposée en public et par le délégué de l'Église, comme un signe de pénitence solennelle, le soldat du Christ ne la quittera plus : il la gardera chez lui, dans la rue, à l'armée, partout où il ira. Tel était l'ordre du pape Innocent, dont le prédécesseur Urbain II avait inventé cet emblème et qui en revêtait lui-même les prédicateurs officiels de la croisade [2]. La volonté pontificale n'était peut-être pas toujours scrupuleusement respectée. On voyait des croisés racheter leur vœu à prix d'argent et déposer leur insigne, au grand scandale des fidèles [3]. Mais pour la plupart, c'était, comme on le leur avait enseigné, un symbole sacré, une enseigne, un *escrait*, c'est-à-dire une protection, et ils ne s'en séparaient qu'à la mort ou après leur retour [4].

Quelle était la proportion des hommes présents qui s'enrôlaient ainsi séance tenante ? D'après tout ce que nous venons

[1] *De prædicatione crucis, ibid.*
[2] Berger, *Les registres d'Innocent IV*, t. II, p. CXXX, CCXXXVII
[3] *Ibid.*, p. CXXVIII, CXLIII.
[4] Jacques de Vitry, ms. cité, f° 95.

de voir, elle ne devait plus être très considérable à l'époque d'Humbert de Romans. Mais un peu plus tôt, lorsque Jacques de Vitry, dont la parole avait tant d'influence, prêchait lui-même la croisade, des troupes nombreuses se recrutaient dans l'église à l'issue du sermon. Les volontaires se présentaient les larmes dans les yeux, s'arrachant avec un douloureux effort des bras de leurs enfants et de leurs femmes, et donnant tous les signes d'une sincère pénitence. Un frère convers de l'ordre de Citeaux, qui assistait un jour à ce spectacle émouvant, en fut tellement saisi, qu'il demanda aussitôt à Dieu de lui montrer quelle récompense était réservée à ceux qui prenaient la croix avec tant de contrition. Alors il vit en esprit, raconta-t-il, la Vierge Marie apportant l'Enfant Jésus et, à mesure qu'un nouveau croisé s'approchait, le cœur plein du repentir de ses fautes, lui donnant son fils à embrasser [1].

Après la distribution des croix, le prédicateur faisait une collecte, qu'il avait eu soin d'annoncer en chaire, et recevait tous les dons que la piété des fidèles leur suggérait d'offrir pour les besoins de la Terre-Sainte. L'argent ainsi recueilli, conformément aux instructions du pape et des conciles, était remis par lui aux autorités supérieures desquelles il tenait son mandat, et servait d'ordinaire, comme nous l'apprend M. Élie Berger d'après les registres d'Innocent IV, à équiper un supplément de combattants [2]. A ceux qui ne pouvaient payer ni de leur personne ni de leur bourse, il se contentait d'imposer un tribut de prières. Enfin, avant de s'éloigner, il indiquait aux recrues qu'il avait faites le lieu et le jour de l'embarquement, s'ils étaient fixés d'avance par les chefs de l'expédition, et chacun se rendait comme il pouvait au rendez-vous assigné [3].

Humbert de Romans ne nous donne aucun renseignement sur le départ ou le transport des croisés. Mais d'autres, en leur signalant les dangers qui les attendaient sur la route, nous font voir à peu près comment ils voyageaient. Ils allaient d'étape en étape, s'arrêtant dans les *hospitia* destinés à recevoir les pèlerins ou dans les auberges ordinaires, y perdant quelquefois un

[1] Jacques de Vitry, ms. cité, f° 94.
[2] Berger, *op. cit.*, t. II, p. CXXXII, CXLVI.
[3] *Ibid.*, p. XCVI.

temps précieux, ou se laissant aller, par suite de la fatigue, à boire avec excès. Ils rencontraient là de folles femmes qui tentaient de les séduire, et ils ne savaient pas toujours leur résister[1]. Cependant, lorsqu'ils faisaient le voyage par troupes, les choses se passaient d'une manière plus édifiante. Humbert nous les peint marchant allègrement, chacun à sa guise, mais néanmoins se suivant de près, les uns jouant ou chantant, les autres rapportant les bruits du pays, ou bien prêtant secours à leurs compagnons trop faibles. Nobles et clercs, bourgeois et gens du peuple se trouvaient parfois confondus dans ces groupes de pèlerins; et il ne s'élevait parmi eux ni dispute ni jalousie : tous étaient animés d'un même zèle et d'un même dévouement. Sur mer, ils se retrouvaient en bonne et nombreuse compagnie. Une fois débarqués, ils travaillaient tous ensemble à planter leurs tentes et se préparaient à marcher à l'ennemi.

Avant d'aller au combat, il fallait se confesser, payer ses dettes, se réconcilier avec tout le monde, faire son testament, en un mot se mettre en règle de toutes les manières. C'était encore là le meilleur moyen de bien se battre, et bien se battre était le premier devoir. La paix de la conscience garantissait le succès dans la bataille et la palme dans le ciel. Au contraire, l'état de péché était pour l'armée chrétienne une source de revers, plus à craindre que toutes les forces des Sarrazins. Ces obligations remplies, les combattants devaient mettre leur unique espoir dans la protection divine, sans trop compter sur la puissance de leurs armes ni sur leur multitude, puis se donner du cœur par une dernière prière, et s'avancer hardiment. Pendant l'action, ils étaient tenus de se prêter main-forte. A ces conditions, Dieu était avec eux.

Après la bataille, ceux qui survivaient rencontraient dans les camps des ennemis d'un autre genre, des compatriotes corrompus, qui avaient changé de ciel sans changer d'esprit, des marchands fourbes et rapaces, dont j'ai raconté ailleurs les coupables ruses, enfin ces créatures doublement malfaisantes que saint Louis même ne pouvait parvenir à éloigner des tentes de ses chevaliers. Contre ces dangers permanents, ils étaient prémunis par les avertissements quotidiens des chapelains de

[1] Jacques de Vitry, ms. cité, f° 101.

la croisade. Presque tous les jours, en effet, ils entendaient des instructions nouvelles ; vainqueurs ou vaincus, les prédicateurs ne les lâchaient pas.

Il faut donc reconnaître que ces terribles sermonnaires exerçaient une grande influence sur le moral des croisés et contribuaient de plus d'une façon aux succès qu'ils pouvaient remporter. Leur rôle, on vient de le voir, ne consistait pas uniquement à parler. Ils étaient les véritables agents de recrutement de la guerre sainte, et en même temps ses auxiliaires les plus actifs. Ils faisaient les enrôlements, ils dirigeaient les engagés au départ, ils s'embarquaient avec eux, ils les entraînaient à l'ennemi, ils les soutenaient dans la lutte, ils les ramenaient enfin dans leur pays, ou leur ouvraient, à l'heure suprême, le paradis qu'ils avaient rêvé. L'histoire leur doit bien une petite place à côté des héros obscurs ou célèbres qui leur obéissaient jusqu'à la mort.

No. 511. — Bruxelles. Imp. A. Vromant et Cie, 3, rue de la Chapelle.

www.ingramcontent.com/pod-product-compliance
Ingram Content Group UK Ltd.
Pitfield, Milton Keynes, MK11 3LW, UK
UKHW020443220726
13923UKWH00005B/2313